Richard Scarry's
Best Counting Book Ever

El mejor libro para contar
de Richard Scarry

Luna Rising
A Bilingual Imprint
of Rising Moon

"There is no one to play with," says Willy Bunny. "What can I do?"

"Why don't you practice counting all of the things you see today?" asks his father.

"Then at suppertime you can tell me how many things you have counted."

"That sounds like fun," says Willy. "I will start right now. I am one bunny and…"

—No tengo con quién jugar —dice el conejito Willy—. ¿Qué puedo hacer?

—¿Por qué no practicas a contar todas las cosas que veas hoy? —le pregunta su padre—. Después, a la hora de la cena, puedes decirme todas las cosas que has contado.

—Parece divertido —dice Willy—. Empezaré ahora mismo. Yo soy un conejito y…

1 one *uno*

"Oh, look! Here comes Sally Bunny."
One bunny and one bunny make two bunnies.
Both bunnies have two eyes, two hands, two feet,
and two long ears.

—*¡Ah, mira! Aquí viene la conejita Sally. Un
conejito y una conejita son dos conejitos.
Ambos conejitos tienen dos ojos, dos manos, dos
pies y dos largas orejas.*

2 two *dos*

One mother and one father make two parents.
Two fried eggs make a good breakfast for Daddy.
Can you count two of anything else?

*Una madre y un padre son dos padres.
Dos huevos fritos son un buen desayuno para papá.
¿Puedes contar algunas otras dos cosas?*

3 three
tres

Willy and Sally go outside to play.
Along comes their friend, Freddy Bunny.
Two bunnies and one bunny make three bunnies.
How many wheels are on Freddy's tricycle?
That's right! There are three wheels.

Willy y Sally salen a jugar.
También viene su amigo, el conejito Freddy.
Dos conejitos y un conejito son tres conejitos.
¿Cuántas ruedas tiene el triciclo de Freddy?
¡Muy bien! Hay tres ruedas.

"Look at the three trucks," says Willy.
"One is big and two are small."

—Mira los tres camiones —dice Willy—.
Uno es grande y dos son pequeños.

4 four cuatro

Here comes Flossie Bunny with her wagon.
Three bunnies and one bunny make four bunnies.
Now there are two girl bunnies and two boy bunnies.
Flossie has brought four apples in her
four-wheeled wagon for everyone to share.

Aquí viene la conejita Flossie con su vagoneta.
Tres conejitos y una conejita son cuatro conejitos.
Ahora hay dos conejitas y dos conejitos.
Flossie ha traído en su vagoneta de cuatro ruedas,
cuatro manzanas para convidar a cada uno.

Four mouse buses go down the street. Two are yellow and two are red.
Cuatro autobuses de ratones van por la calle. Dos son amarillos y dos son rojos.

5 five *cinco*

Beep-beep. Here comes Joey on his go-cart. That makes five bunnies. Four were here already, and one more makes five.

¡Tu-tu-tu! Aquí viene Joey en su autito. Ahora son cinco conejitos. Cuatro ya estaban aquí, y con uno más son cinco.

Four of the bunnies hear their mothers calling them home.
Four bunnies go home.
That leaves just one bunny—Willy.
But Willy doesn't mind being alone.
He still has lots of things to count.
He sees five racing cars.

Cuatro de los conejitos oyen que sus madres los llaman para que regresen a sus casas.
Cuatro conejitos regresan a sus casas.
Entonces queda solamente un conejito, Willy.
A Willy no le importa quedarse solo.
Todavía tiene muchas cosas que contar.
Ve cinco autos de carreras.

"One, two, three, four, five," he counts.

—Uno, dos, tres, cuatro, cinco —cuenta Willy.

6 six
seis

Ding! Ding! Ding!   Ding! Ding! Ding!
Five fire engines and a fire chief's car are
speeding down the street.
That makes six in the fleet.
Three have ladders. Three do not.
Five are red, and one is white.
Where is the fire?

¡Din! ¡Din! ¡Din!   ¡Din! ¡Din! ¡Din!
*Cinco camiones de bomberos y el auto
del jefe de bomberos van muy rápido
por la calle.*
Es una flota de seis.
Tres tienen escaleras. Tres no.
Cinco son rojos y uno es blanco.
¿Dónde es el incendio?

7 seven
siete

The fire must be in the Cat family's farmhouse.
Seven cats are running out of the house.
Five are dressed and ready for school.
The other two are a mother and a baby.

El incendio debe ser en la casa de la familia Gato.
Siete gatos salen corriendo de la casa.
Cinco ya están vestidos y listos para ir a la escuela.
Los otros dos son la madre y un bebé.

8 eight
ocho

The fire is in the Mother Cat's oven, where she is baking eight pies.

Five pies are burned, but three are baked just right. They did get a little wet, though.

How many cats are going to eat at the table?

El incendio es en el horno de la mamá gata, donde ella está horneando ocho pasteles.

Cinco pasteles se quemaron pero tres quedaron perfectos. Eso sí, se mojaron un poco.

¿Cuántos gatos van a comer en la mesa?

9 nine
nueve

Well, those firemen have certainly
made a mess of Mother Cat's kitchen floor.
Splish! Splosh! Splash!
They clean up with nine mops.
Five mops are red, two are green,
and two are yellow.

*Bueno, sin duda esos bomberos
dejaron todo sucio el piso de la cocina
de Mamá Gata.
¡Plif! ¡Plaf! ¡Plif! ¡Plaf!
Limpian con nueve trapeadores.
Cinco trapeadores son rojos, dos son
verdes y dos son amarillos.*

10 ^{ten} *diez*

Here comes Father Cat with ten watermelons from his garden.
He slips and half of them fly out of his basket.
Five watermelons are still safe in his basket.

Aquí viene Papá Gato con diez sandías de su huerta.
Se resbala y la mitad de las sandías salen volando de su canasto.
A cinco sandías no les pasó nada y están aún en el canasto.

Who has caught the sixth, seventh, eighth, and ninth watermelons? Will Mother Cat be able to catch the tenth one before it falls to the ground? Look out, Mother Cat!

¿Quién atrapó la sexta, la séptima, la octava y la novena sandía? ¿Podrá Mamá Gata atrapar la décima antes de que caiga al suelo? ¡Ten cuidado, Mamá Gata!

Now let us see what Willy has counted so far.
Ahora veamos qué ha contado Willy hasta este momento.

1 One Willy
Un Willy

2 Two bunnies
Dos conejitos

3 Three bunnies and three trucks
Tres conejitos y tres camiones

4 Four bunnies and four buses
Cuatro conejitos y cuatro autobuses

5 Five bunnies and five racing cars
Cinco conejitos y cinco autos de carreras

6 Six fire engines
Seis camiones de bomberos

7

Seven cats
Siete gatos

8

Eight pies
Ocho pasteles

9

Nine mops
Nueve trapeadores

10

Good for her!
¡Qué bien lo hizo!

Nine watermelons, and the one that Mother cat caught, make ten.
Nueve sandías y la que Mamá Gata atrapó, son diez.

11 eleven
once

"Now I must find some bigger numbers," says Willy.
"I will look around the farm and see what I can find."

—Ahora tengo que encontrar algunos números más grandes —dice Willy—.
Buscaré por la granja, a ver qué encuentro.

12 twelve
doce

Farmer Cat goes into the chicken house to gather eggs.
He slips again and frightens his twelve hens.

Gato Granjero entra en el gallinero para recoger huevos.
Se resbala otra vez y asusta a sus doce gallinas.

Five hens are red.
Cinco gallinas son rojas.

Mother Cat is trying to hang eleven shirts on the line.
Five of them blow away in the strong wind.
Then five more blow away.
But Mother Cat grabs the eleventh shirt.

Mamá Gata está tratando de colgar once camisas en la cuerda.
Cinco de ellas se vuelan con el fuerte viento.
Luego se vuelan otras cinco más.
Pero Mamá Gata agarra la camisa número once.

Five of them are white.
Cinco de ellas son blancas.

And two more are black.
Y dos más son negras.

Twelve hens in all.
They laid twelve eggs—one dozen eggs!
Count them yourself.

Doce gallinas en total.
Pusieron doce huevos—¡una docena de huevos!
Cuéntalos tú mismo.

13 thirteen
trece

Willy says good-bye to Farmer Cat. As he walks
down the lane he sees thirteen tractors in the field.

Willy le dice adiós a Gato Granjero.
Mientras va caminando por el sendero,
ve trece tractores en el campo.

Five are plowing.
Cinco están arando.

Five are planting.
Cinco están sembrando.

And three are just resting.
Y tres están simplemente descansando.

Suddenly Willy discovers fourteen travelers who have stopped beside the lane.

De repente Willy descubre a catorce viajeros que se han detenido al costado del sendero.

Five are sleeping.
Cinco están durmiendo.

Five are eating.
Cinco están comiendo.

And four are playing a game.

Y cuatro están jugando a las cartas.

Here! Here! Stop fighting over the cards, you rascals!

—¡A ver! ¡A ver! ¡Dejen de pelearse por las cartas, pillos!

15 fifteen
quince

A little further on, Willy hears fifteen musicians playing.

Un poquito más lejos, Willy escucha a quince músicos tocar música.

There are five tuba players. Oompah! Oompah!
Hay cinco que tocan la tuba. ¡Buuuf! ¡Buuuf!

16 sixteen
dieciséis

Going past the railroad yard, Willy sees a train made up of sixteen cars.

Al pasar por el taller del ferrocarril, Willy ve un tren que tiene dieciséis vagones.

Five are box cars.
Cinco son furgones.

Five are coal cars.
Cinco son vagones de carbón.

Five are trumpet players. Tootle-tee-toot!
Cinco tocan la tropeta. ¡Tu-turu-tu!

Can you count how many drummers there are? Boom-da-da-boom!
¿Puedes contar cuántos tamborileros hay? ¡Bum-buru-bum-bumbúm!

Five are oil cars.
Cinco son vagones tanque para petróleo.

And one is a caboose.
Y uno es un furgón de cola.

A little engine is going to hook up to the cars.
Do you think it can pull them all away?

Una locomotora pequeña va a engancharse a los vagones.
¿Crees que podrá tirar de todos ellos?

17 seventeen *diecisiete*

Suddenly seventeen airplanes swoop down on Willy.
De repente diecisiete aviones bajan en picada hacia Willy.

Five have double wings.
Cinco tienen alas dobles.

Five have single wings.
Cinco tienen alas simples.

18 eighteen *dieciocho*

A long car drives by with eighteen happy lions.
There are five gentleman lions and five lady lions sitting in the front half of the car.

Pasa un auto largo con dieciocho felices leones.
Hay cinco señores leones y cinco señoras leonas sentados en la mitad delantera del auto.

Five have triple wings.
Cinco tienen alas triples.

And two are jets. Whooosssshhh!
Y dos son aviones a chorro. ¡Zummmm!

Five girl lions and three boy lions are sitting in the back of the car. That makes eighteen happy lions in all.

Cinco leoncitas y tres leoncitos van sentados en la parte de atrás del auto. Son dieciocho felices leones en total.

19 nineteen
diecinueve

Willy walks up to nineteen pigs having a picnic.

Willy se acerca a diecinueve cerditos que están en un día de campo.

20 twenty
veinte

Twenty cats are playing kick-the-ball.
Ten cats are on each team.

Veinte gatos están jugando a patear la pelota.
Hay diez gatos en cada equipo.

Just look at that long hot dog!
Do you think it is big enough to feed nineteen very hungry pigs?

¡Mira qué larga es la salchicha!
¿Te parece que es bastante grande como para alimentar a
diecinueve hambrientos cerditos?

Look! Number six has just kicked a goal.

¡Mira! El número seis acaba de anotar
un gol.

30 thirty *treinta*

Willy counts thirty children coming home from school.
He doesn't count the bus drivers.
How many bus drivers are there?

Willy cuenta treinta niños regresando de la escuela a sus casas.
No cuenta a los conductores de los autobuses.
¿Cuántos conductores hay?

SCHOOL BUS
AUTOBÚS ESCOLAR
5

SCHOOL BUS
AUTOBÚS ESCOLAR
10

SCHOOL BUS
AUTOBÚS ESCOLAR
15

40 forty
cuarenta

Forty mouse cars have engine trouble.
Four carriers are taking them to the garage to be repaired.
My! That's a bumpy road!

Cuarenta autos de ratones tienen problemas de motor.
Cuatro remolcadores los llevan al taller mecánico para
que allí los arreglen.
¡Huy, este camino está lleno de baches!

50 fifty
cincuenta

As Willy walks down by the beach, he sees fifty boats out on the ocean.

Mientras Willy camina por la playa, ve cincuenta barcos en el océano.

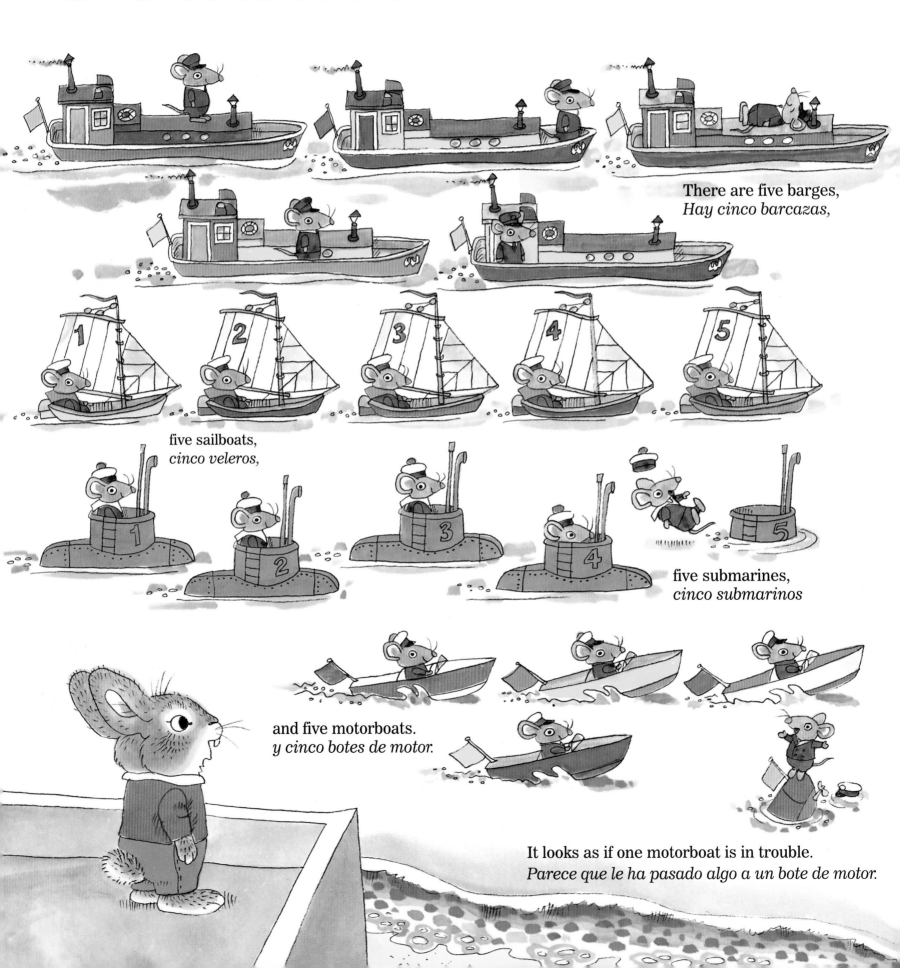

There are five barges,
Hay cinco barcazas,

five sailboats,
cinco veleros,

five submarines,
cinco submarinos

and five motorboats.
y cinco botes de motor.

It looks as if one motorboat is in trouble.
Parece que le ha pasado algo a un bote de motor.

He sees five ocean liners,
Ve cinco transatlánticos,

five fishing boats,
cinco barcos pesqueros,

five tugboats,
cinco remolcadores,

five police boats,
cinco barcos patrulla,

five fire boats,
cinco barcos de bomberos

and five rowboats.
y cinco botes de remos.

Hey, there, firemen!
Be careful where you squirt that water!

¡Hey, bomberos!
¡Tengan cuidado dónde tiran el agua!

Fifty boats in all!
¡Cincuenta barcos en total!

60 sixty
sesenta

A little farther along the beach, Willy sees sixty frogs enjoying themselves. How many frogs are playing ball?
How many frogs are riding in sailboats?
How many fishermen are about to fall into the water?

Un poquito más lejos en la playa, Willy ve sesenta ranas divirtiéndose. ¿Cuántas ranas están jugando a la pelota?
¿Cuántas ranas están paseando en veleros?
¿Cuántos pescadores están a punto de caerse al agua?

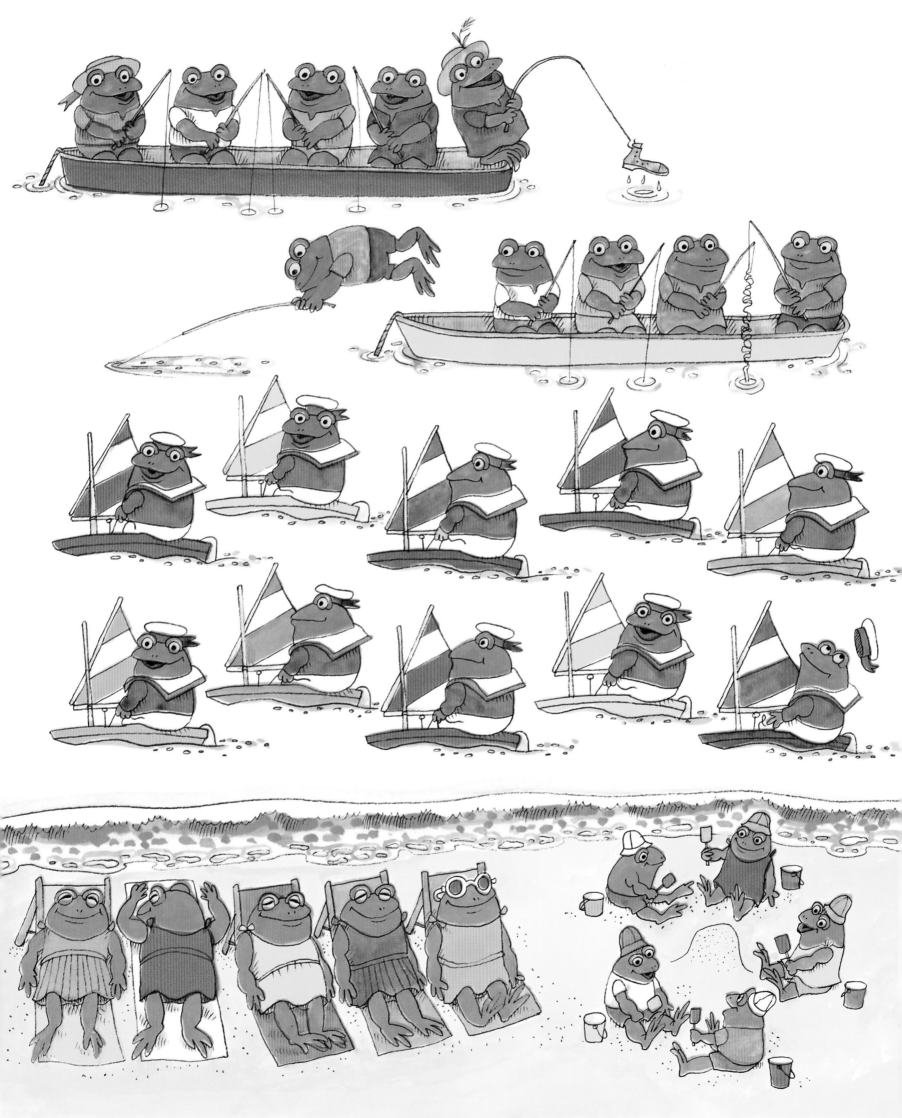

70 seventy setenta

It is getting late.
On his way home, Willy stops at the Bugs' flower garden, where he counts seventy flowers. Mr. Bug lets Willy pick a flower to take home to his mother. She will be very pleased.

Se está haciendo tarde.
Camino a su casa, Willy se detiene frente al jardín de la chinche, donde cuenta setenta flores. La señora Chinche deja que Willy corte una flor para llevársela a su mamá. Ella se pondrá muy contenta.

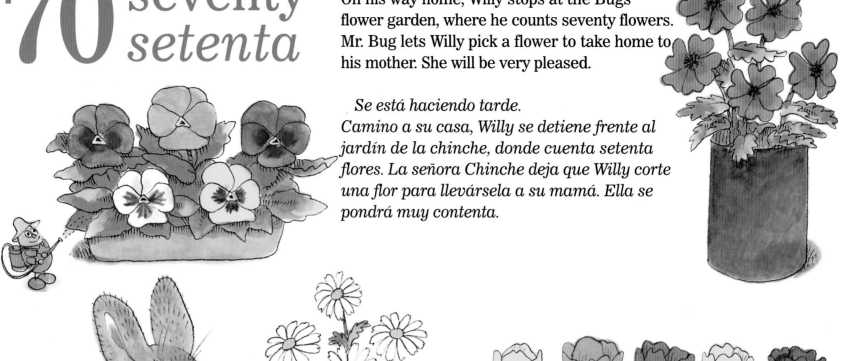

80 eighty ochenta

Eighty workers hurry home from work.
Some are walking. Some are riding.
One of the workers is already at the front door.
Why, it's Daddy Bunny!
Willy is greeting him at the door.

Ochenta trabajadores vuelven a sus casas rapidito.
Algunos van caminando. Otros viajan en algún vehículo.
Uno de los trabajadores ya llegó a la puerta de su casa.
¡Claro, es Papá Conejo!
Willy lo saluda en la puerta.

90 ninety
noventa

At the supper table, Willy tells his father how
many things he has counted during the day.
Then the bunny family begins to eat.
They have ninety carrots for supper.
My, what a hungry bunny family!
Mmmm, those carrots taste good.

*Sentadito a la mesa para cenar, Willy le dice
a su padre todo lo que ha contado durante el día.
Entonces la familia Conejo comienza a comer.
Tienen noventa zanahorias para cenar.
¡Huy, qué familia de conejitos tan hambrientos!
¡Mmmm, qué sabrosas están las zanahorias!*

100 one hundred
cien

After supper, Willy and his father go outside.
Willy counts one hundred fireflies glowing in the dark sky.
It looks as if the fireflies can count to one hundred, too.
And so can you!

Después de la cena, Willy y su padre salen a la puerta.
Willy cuenta cien luciérnagas brillando en el cielo oscuro.
Pareciera que las luciérnagas también pueden contar hasta cien.
¡Y tú también lo puedes hacer!